DISCOURS

DE

M. LE CURÉ DE VOILLANS

ADRESSÉ A

M. L'ABBÉ MARCEL SIMONIN

SON ÉLÈVE

LE JOUR DE SA PREMIÈRE MESSE

CÉLÉBRÉE SOLENNELLEMENT DANS LA PAROISSE, LE 15 SEPTEMBRE 1879

Conserver la couverture

BESANÇON

IMPRIMERIE ET LITHOGRAPHIE DE J. JACQUIN

Grande-Rue, 14, à la Vieille-Intendance

1880

DISCOURS

DE

M. LE CURÉ DE VOILLANS

ADRESSÉ A

M. L'ABBÉ MARCEL SIMONIN

SON ÉLÈVE

LE JOUR DE SA PREMIÈRE MESSE

CÉLÉBRÉE SOLENNELLEMENT DANS LA PAROISSE, LE 15 SEPTEMBRE 1879

BESANÇON

IMPRIMERIE ET LITHOGRAPHIE DE J. JACQUIN

Grande-Rue, 14, à la Vieille-Intendance

1880

DISCOURS

DE M. LE CURÉ DE VOILLANS

ADRESSÉ A M. L'ABBÉ MARCEL SIMONIN

LE JOUR DE SA PREMIÈRE MESSE

Tu es sacerdos in œternum.
Vous êtes prêtre pour l'éternité.
LE ROI PROPHÈTE.

CHER ABBÉ MARCEL,

Une œuvre, une grande œuvre préparée de loin, bénie du Ciel, est accomplie à la satisfaction et au gré de nos désirs, œuvre qui donne à l'Eglise militante un serviteur fidèle, un vaillant et docte défenseur de la foi.

Vous voilà élevé à la dignité du sacerdoce par la grâce et la volonté de Dieu, manifestée par la voix de vos supérieurs, après des examens brillants et des épreuves réitérées.

Vous êtes monté à l'autel qu'environnent les anges, pour célébrer la première fois les divins mystères, pour offrir à Dieu la victime pure et sans tache comme le premier tribut de votre gratitude et de votre amour. Heure solennelle, jour de ferveur et de saintes émotions, qui feront couler des larmes ! Jour heureux, surtout pour vous, et à jamais mémorable ; heureux pour vos père et mère, qui ne regretteront pas les sacrifices que leur a coûtés votre éducation ; pour votre nombreuse parenté : votre caractère auguste et sacré sera pour elle un titre d'honneur et de considération dans le monde ; un jour d'édification pour la paroisse, qui s'associe à la joie de la famille.

Une vie sage et régulière, une piété solide, le zèle pour l'instruction de la jeunesse, un goût passionné pour le chant de l'église, si harmonieux et si doux pour les cérémonies du culte divin, vous ont mérité son estime et ses sympathies. On me pardonnera de rappeler ici le souvenir de votre aïeul paternel, homme intelligent, très habile dans les sciences exactes et renommé pour cela dans toute la Comté. S'il vivait encore, il mettrait en vous sa complaisance, vous appelant son petit-fils bien-aimé.

Avant vous, il y avait dans la paroisse un autre enfant prédestiné, d'un caractère aimable, pieux, assidu au service de l'autel, que je chérissais et qui m'aimait de tout son cœur. J'avais commencé son éducation cléricale sous de favorables auspices. Le cours de philosophie achevé, il devait entrer dans cette sainte maison où l'on prépare les jeunes lévites au sacerdoce. Dans mes préoccupations et mes rêves, je pensais le demander pour vicaire, comme un appui et une ressource dans les jours mauvais de la vieillesse ; mais, hélas ! l'homme propose et Dieu dispose. Une mort prématurée l'a enlevé tout à coup à notre affection et à celle de sa famille. La pensée que c'était un fruit mûr pour le ciel, qu'il repose en paix dans le sein de Dieu, a pu seule tempérer notre douleur.

J'arrive au sujet principal de mon discours.

Vous avez reçu dans l'ordination deux grands pouvoirs : le premier, de consacrer le corps et le sang de Jésus-Christ et de l'offrir en sacrifice ; le second, de remettre les péchés, pouvoir de l'ordre et de juridiction, selon le langage de la théologie.

Le jeudi saint, la veille de sa passion, en célébrant la Pâque avec ses disciples, le Sauveur prit du pain et du vin, les bénit, rendit grâces à Dieu, leur dit, et dans leurs personnes à tous les prêtres leurs successeurs : Prenez et mangez, ceci est mon corps, qui sera livré pour vous ; prenez et buvez, ceci est mon sang, le sang de la nouvelle alliance, qui sera répandu pour vous : faites cela en mémoire de moi : *hoc facite in meam commemorationem :* offrez à Dieu le sacrifice de mon corps et de mon sang pour le salut du genre humain, soyez mes coopérateurs dans l'œuvre de la rédemption. Telle est l'origine de votre premier pouvoir.

Mais qu'est-ce que le prêtre et quel titre a-t-il à l'égard de son Dieu ? Nul autre que la dépendance et la servitude. Cependant, mes frères, à la parole de ce serviteur, de cet esclave, la majesté divine vient tous les jours s'humilier dans le sanctuaire et y renfermer toute sa gloire. S'il faut des qualités éminentes pour exercer un empire légitime sur les hommes, que faut-il pour un empire qui s'étend jusqu'à Dieu même ? *O veneranda sacerdotum dignitas*, s'écrie saint Augustin, ô dignité des prêtres, que vous êtes vénérable ! Car, dit ce Père, c'est en quelque sorte dans les mains des prêtres, comme dans le sein virginal de Marie, que le Verbe de Dieu est conçu et qu'il s'incarne tout de nouveau. De là, que conclure ? Que la charité du Fils de Dieu est immense, qu'il n'y a rien de plus sacré et de plus auguste que le caractère des prêtres.

La pureté de Marie était miraculeuse et providentielle. La sainteté des prêtres est un devoir, une vertu, un mérite : tout en s'humiliant devant Dieu, ils travaillent sans relâche à acquérir cette sainteté jusqu'au degré le plus parfait et en rapport avec leur dignité.

Pouvoir de juridiction. Ce ne fut pas une parole vaine et sans effet que celle de Jésus-Christ à ses apôtres lorsqu'il leur dit : Recevez le Saint-Esprit ; les péchés seront remis à ceux à qui vous les remettrez, ils seront retenus à ceux à qui vous les retiendrez. Tout ce que vous lierez sur la terre sera lié dans le ciel, tout ce que vous délierez sur la terre sera délié dans le ciel. D'après les Pères et les interprètes, le Fils de Dieu, par cette parole, soumit aux prêtres, dans la personne de ses apôtres, toute l'Eglise ; les revêtit d'un pouvoir qui s'étend sur tous ses membres. Juridiction souveraine, universelle, à laquelle ni prince ni monarque dans le monde ne peuvent se soustraire.

En voulez-vous concevoir une légère idée ? Un

homme, d'une fortune médiocre et d'une condition obscure, se trouve tout à coup élevé au premier ministère d'un grand Etat, et cela par la pure libéralité du maître, lequel veut faire éclater sa puissance dans l'élévation de son sujet : *sic honorabitur quemcumque voluerit rex honorare*. Le voilà l'arbitre de toutes choses, et les plus importantes affaires ne se conduisent que par lui. C'est lui qui distribue les faveurs, lui qui assigne les récompenses, lui qui fait les heureux et les malheureux, ses ordres sont reçus comme des ordres supérieurs, et tous les intérêts du prince lui sont confiés.

Qu'un rebelle, qu'un criminel ait sa grâce à obtenir, c'est à ce médiateur qu'il s'adresse, et, par sa médiation, le plus coupable est en un moment rétabli dans tous ses droits et dans toutes ses espérances.

Jamais entendit-on parler d'un tel crédit? Le crédit d'Aman dans l'empire d'Assuérus ne l'égalait pas. Or, tout cela n'est encore qu'une image imparfaite du pouvoir sacerdotal. Car les princes de la terre, n'ayant qu'un pouvoir limité, se gardent bien de le communiquer avec si peu de réserve.

Mais il en est tout autrement à l'égard de Dieu. Comme sa grandeur est infinie, il peut, sans rien lui ôter, en faire part à qui il lui plaît; or, il l'a pour ainsi dire déposée tout entière entre les mains de ses ministres. Quelle merveille! s'écrie saint Chrysostome.

Et qui le croirait? le serviteur est établi juge sur la terre, et le maître dans le ciel ratifie toutes les sentences qu'il porte. *Servus sedet in terra et Dominus sequitur sententiam*. Le ministère des prêtres est un ministère de réconciliation entre Dieu et l'homme pécheur, entre le ciel et la terre. C'est à eux qu'il remet sa cause et ses intérêts. Cet homme est pécheur, il m'a outragé, il a blessé ma gloire. Je pourrais le juger moi-même, mais je m'en rapporte à vous. Tout ennemi qu'il était, je le tiendrai pour ami dès que vous l'aurez déclaré tel ; il ne s'agit pour lui que de se rendre digne de l'absolution que vous lui donnerez : du moment que vous lui aurez pardonné, je lui pardonne, et toutes les portes du ciel, qui lui étaient fermées, s'ouvriront pour le recevoir.

De là les égards, le respect des plus grands monarques du monde pour les prêtres. Constantin, revêtu de la pourpre royale, n'ose pas s'asseoir le premier en présence des Pères du concile ; une impératrice se fait un honneur et un mérite de servir à sa table un évêque.

Saint Louis, roi de France, recevait souvent à sa cour et à sa table saint Thomas d'Aquin, qui y portait une extrême humilité et un esprit tout occupé de la science. Un jour, après un long silence, frappant de la main sur la table, il s'écria : Voilà qui est concluant contre l'hérétique Manès ! L'argument, transcrit par l'ordre du roi, se trouva très solide. Dans le cours de ses études, sa profonde méditation le rendait taciturne. Ses condisciples, le croyant stupide, l'appelaient le bœuf muet. Mais son maître, le grand Albert, qui avait deviné son génie, leur dit que les mugissements de ce bœuf retentiraient un jour dans tout l'univers. Or, la vérité, c'est que, sous le rapport de la philosophie et de l'érudition, tous les savants modernes ne vont pas à la cheville du pied de saint Thomas, l'ange de l'école, cette noble et grande figure du moyen âge.

Aujourd'hui encore, dans les réceptions officielles à la cour des rois et des empereurs, c'est à un prêtre, au nonce du pape, qu'est réservé l'honneur de porter la parole au nom du corps diplomatique, composé d'illustrations. Il en est de même dans les banquets ordinaires, c'est encore au prêtre qu'est réservée la place d'honneur ; mais, plus on l'honore, plus il s'humilie devant Dieu, à qui, avant tout, appartiennent l'honneur et la gloire : *soli Deo honor et gloria*.

Le zèle, le talent, la jeunesse, vous promettent des succès dès le début dans l'exercice du saint ministère. Vous convertirez des âmes, vous gagnerez plus d'un cœur à Dieu, vous aurez des consolations sensibles ; vous goûterez parfois une joie pure et intime, que le monde ne peut donner et qu'il ne comprend pas ; mais il faut vous attendre à des peines, à des tribulations, à des épreuves, et à de rudes épreuves.

Je ne voudrais pas, en ce beau jour, vous tracer un tableau trop sombre des misères de la vie, mais je dois vous dire la vérité, vous initier à la connaissance du cœur humain et vous préparer à la lutte.

L'ignorance, l'orgueil, un orgueil indomptable, la mauvaise foi, la ruse, la perfidie cachée sous le voile de la franchise et de l'honnêteté, l'envie à la face pâle et livide, la basse jalousie, la haine sauvage, implacable, méditant en secret et dans l'ombre la ruine d'un ennemi ou d'un rival, la médisance et la calomnie en permanence, armées l'une et l'autre d'une langue de serpent, arme terrible qui n'épargne rien, ni le sacré ni le profane ; la négation ou l'oubli des premières vérités, l'existence de Dieu, l'immortalité de l'âme, la vie future, le fondement de la famille et de la société ; l'esprit de révolte contre l'autorité légitime, le culte de la matière, l'adoration du veau d'or, un sensualisme grossier, des convoitises insatiables, le libertinage, l'immoralité, le blasphème, le scandale, le crime audacieux, désolent et souillent la terre, l'héritage de Jésus-Christ acquis au prix de son sang divin, et qu'on croirait encore sous l'empire du démon. A la vue de ce déluge de maux que vous ne pourrez ni empêcher ni arrêter, que ferez-vous, cher abbé ? La tristesse dans l'âme, vous irez, comme les prêtres de l'ancienne loi aux jours de deuil et de calamités, courber votre front dans la poussière du sanctuaire, pleurer entre le vestibule et l'autel, vous humilier devant le Seigneur, le conjurer d'épargner les coupables, vous offrir comme une victime d'expiation pour apaiser sa colère et conjurer ses foudres vengeresses.

Le peuple, le vrai peuple, quand il n'est pas égaré par les mauvais conseils, est généralement bon, humain, généreux, charitable, attaché à la foi de ses aïeux, mais inconstant et léger, semblable à ces vagues de l'Océan soulevées et emportées çà et là par l'orage et la tempête : *scinditur in contraria vulgus.*

Vous grandirez ou vous baisserez dans son estime

selon ses préjugés et ses préventions ; n'espérez pas faire entendre raison à un homme fatalement prévenu contre l'évidence, opiniâtre dans ses idées ; vous convertiriez plutôt un Chinois, un Indien, un Arabe du désert ; et si le zèle vous inspire quelque bonne œuvre, quelque œuvre extraordinaire pour la gloire de Dieu, le salut des âmes, dans l'intérêt public, l'œuvre accomplie non sans peine et sans sacrifice, l'ingratitude qui révolte les âmes honnêtes, les cœurs généreux, l'ennemi mortel de la charité et de la bienfaisance, l'ingratitude se dressera devant vous comme une image funèbre et vous apprendra, hélas ! qu'il ne faut pas compter sur la reconnaissance et la justice des hommes, mais sur Dieu seul, le souverain et juste appréciateur du mérite, et qui rendra un jour à chacun selon ses œuvres.

La vie du prêtre sur la terre est une guerre continuelle, un combat, une lutte contre le génie du mal, contre les esprits de ténèbres sortis du fond de l'abîme. Dans cette lutte à outrance, pour triompher, il importe d'être revêtu d'une armure solide, impénétrable aux traits de l'ennemi. Quelle sera votre armure ?

La foi, la prière, la parole. La foi, qui transporte les montagnes, qui a vaincu le monde, *hæc est victoria quæ vincit mundum, fides nostra.* La prière, qui opère tous les jours des miracles et des merveilles. La parole, qui pénètre au fond des âmes comme un glaive tranchant, *gladius acutus*. A la parole vous joindrez l'exemple, *vis unita fortior*. La parole éclaire, illumine, persuade ; l'exemple entraîne les cœurs avec une force irrésistible. Tel un fleuve rapide rejetant loin de ses bords tous les obstacles qui s'opposent à son cours : *verba movent, exempla trahunt.*

Dans le choix d'un état, vous avez pris la meilleure part, qui ne vous sera point enlevée. Vous êtes prêtre pour l'éternité : *Tu es sacerdos in æternum.* Noblesse oblige, le caractère sacerdotal oblige. Vous serez à la hauteur de cette vocation sublime, pratiquant les vertus que saint Paul recommandait à son cher disciple Timothée.

Vous approcherez de l'autel comme un autre Jésus-Christ, *alter Christus* ; vous offrirez la divine hostie avec le respect d'un ange, vous l'offrirez avec la pureté d'un saint, vous l'offrirez avec la charité du bon pasteur qui donne sa vie pour ses brebis, vous l'offrirez avec le zèle d'un médiateur entre le ciel et la terre, vous l'offrirez avec l'humilité d'un homme qui a la connaissance de ses faiblesses.

Vous allez nous quitter, prendre votre essor et voler de vos propres ailes. Avant de nous séparer, recevez mes adieux, l'expression de mes vœux pour votre santé, votre bonheur, le bonheur de vos parents, de tous ceux qui s'intéressent à vous pour le succès de vos premières armes dans la milice sainte.

Quoique séparés, de loin comme de près, nos cœurs resteront unis par les liens de l'affection, par le charme du souvenir, comme nous sommes unis par les sentiments de l'estime et du respect au noble héritier d'une famille illustre, connue par ses nombreux bienfaits, son dévouement à l'Eglise, qui remonte jusqu'à l'ère des croisades, aux chantres émérites et aimés de la métropole, à l'honorable et digne clergé, qui prennent part à la cérémonie et vous donnent un témoignage de bienveillance et de sympathie qui vous honore et que vous ne cesserez point de mériter dans la suite ; et à l'heure suprême, lorsqu'il faudra comparaître devant Dieu pour lui rendre compte du mandat sacré qu'il nous a confié, le salut des âmes, puissions-nous l'un et l'autre, vous après de longues années, et nous dans un temps peu éloigné, entraîné chaque jour par le lourd fardeau de la vieillesse, plus près du tombeau, de la maison de notre éternité, *ego enim jam delibor et tempus resolutionis meæ instat*, puissions-nous nous rendre le témoignage que le grand Apôtre se rendait à lui-même : J'ai vaillamment combattu : *bonum certamen certavi*. J'ai conservé la foi : *fidem servavi*. J'ai vu le sacerdoce honoré, l'Eglise triompher, accomplir sa mission civilisatrice de charité et de paix parmi les peuples et les nations ; je l'ai vue répandre ses bienfaits et sa lumière sur les bons et les méchants, sur ses amis et ses ennemis. Je l'ai vue, dans un avenir mystérieux et connu de Dieu seul, recueillir dans son sein, avec toute la tendresse d'une mère, ses enfants égarés, touchés de repentir et soumis désormais à ses lois. J'ai achevé ma course : *cursum consummavi* ; il ne me reste plus qu'à attendre la couronne de gloire réservée aux prêtres fidèles à leur vocation et selon le cœur de Dieu.

15

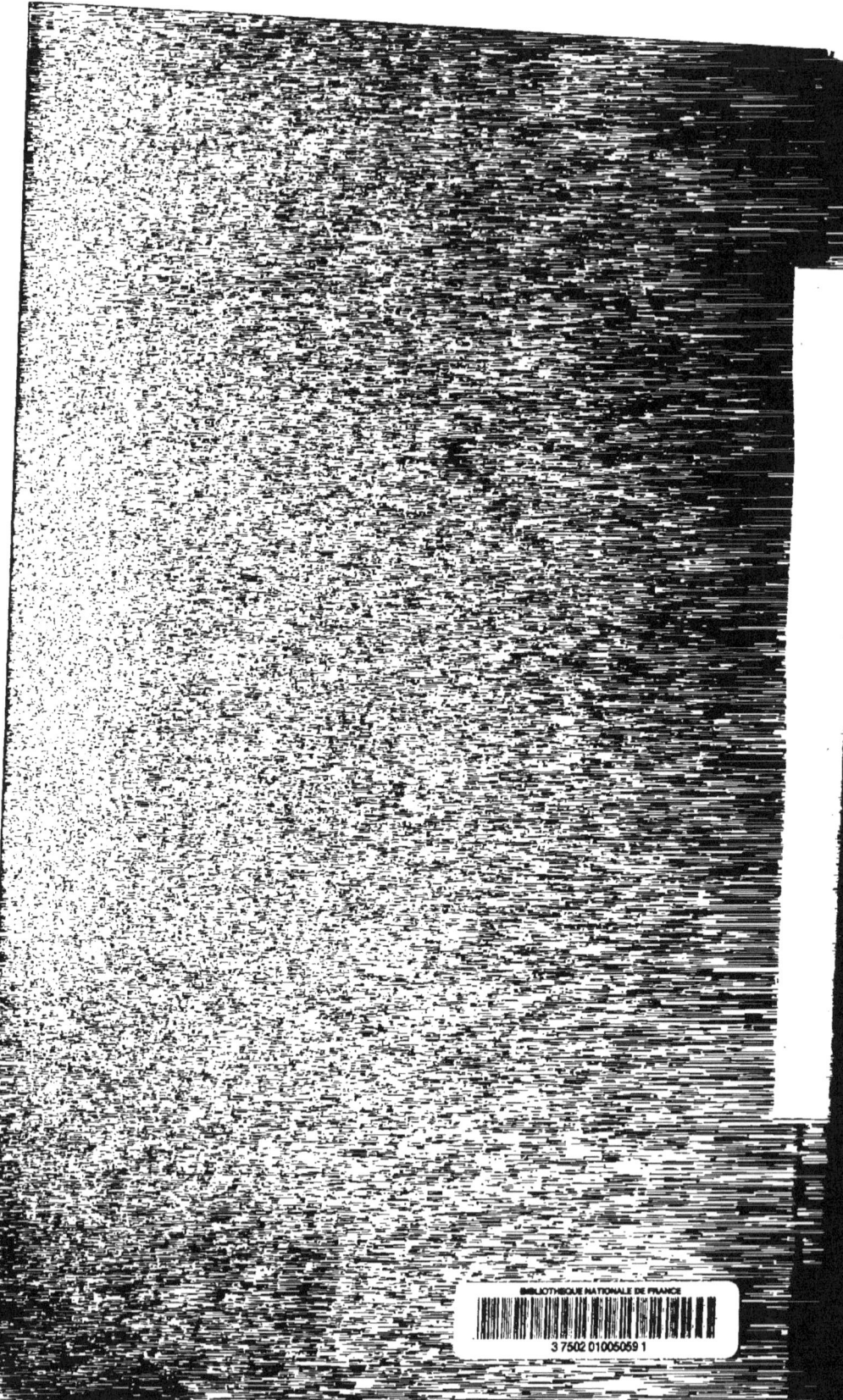

www.ingramcontent.com/pod-product-compliance
Lightning Source LLC
Chambersburg PA
CBHW060919050426
42453CB00010B/1822